A ydy awdurdod yn creu rhyddid?

Llyfr Rheolau

Cynnwys

Symbolau Gweithgareddau

Tasg
Ysgrifennu

Tasg Feddwl
a Myfyrio

Tasg
Ddrama

Tasg Bartner
neu Grŵp

Tasg Gelf
a Chrefft

Tasg
Ddarllen

Symbolau Crefyddol a Lliwiau

Cristnogaeth ✝

Iddewiaeth ✡

Hindŵaeth ॐ

Islam ☪

Geiriau Arbennig

Pan welwch air yn y testun sydd mewn teip trwm ac wedi ei danlinellu fel **hyn**, mae eglurhad o'i ystyr yn yr eirfa ar dudalen 41.

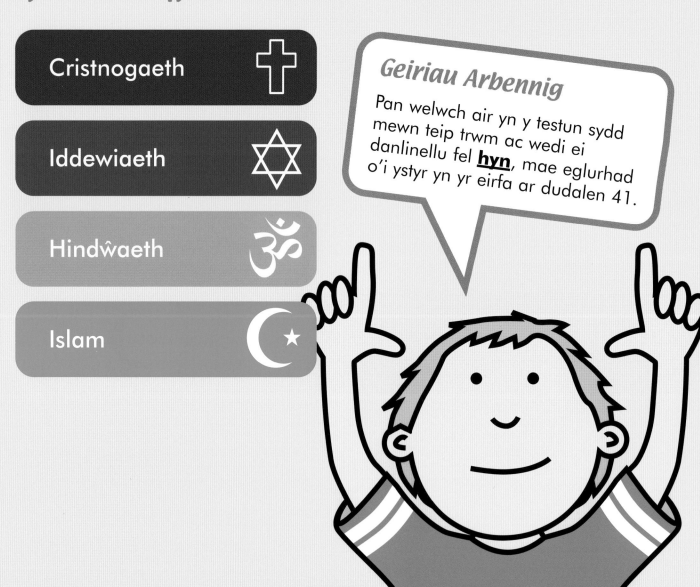

Ydy awdurdod yn creu ryddid?

Mae'n bosib bod y cwestiwn hwn yn ymddangos yn rhyfedd ar yr olwg gyntaf, ond mae'n gwestiwn y mae nifer o bobl yn dechrau gofyn wrth iddynt brifio. Mae pawb eisiau bod yn rhydd, ond rhaid cael rhai pobl mewn awdurdod – a rheolau hefyd.

Felly weithiau, mae'n ymddangos fel pe bai awdurdod a rhyddid ar ddau begwn gwahanol.

Felly beth yw 'awdurdod'? A beth yw 'rhyddid'?

Ydyn nhw'n gwbwl gwrthgyferbyniol?

Gall person dderbyn awdurdod tra'n dal i fod yn rhydd?

A yw'n bosib i rywun fod yn gwbl rhydd i wneud unrhyw beth y mae'n ei ddymuno?

A ddylai pawb mewn awdurdod ddisgwyl ufudd-dod llwyr?

Trafodwch y cwestiynau uchod mewn grŵp neu fel dosbarth, a cheisiwch ddod i ryw benderfyniad – hyd yn oed os mai penderfynu anghytuno y byddwch chi!

Pam dylwn i wrando arnyn nhw?

Pam mae'n rhaid i mi wneud fy mhroject tra bod fy ffrindiau i gyd yn chwarae pêl droed y tu allan?

Dw i'n falch i mi wrando ar Mam a Dad!

GWOBR PROJECT

1

Byddai'n syniad da gwneud arddangosfa ar y wal o'r gwahanol agweddau ar Awdurdod a Rhyddid. Gallwch ychwanegu at yr arddangosfa wrth i'ch astudiaethau barhau trwy gydol y llyfr hwn. Gallech chi ddechrau gyda'r cwestiynau ar dudalen 1, ac wedyn ychwanegu rhai o'ch syniadau gwahanol – gan ddefnyddio siapiau swigod siarad neu swigod meddwl.

Am beth ydym ni'n sôn?

Cyn mynd ymhellach gadewch inni wneud yn siŵr ein bod yn deall ein gilydd wrth inni sôn am 'awdurdod' a 'rhyddid'.

O edrych mewn geiriadur, fe welwch chi ddiffinidaau o'r math yma:

AWDURDOD

▶ pŵer neu hawl gyfreithiol
▶ grŵp neu gorff o bobl sydd mewn grym
▶ dylanwad personol trwy gymeriad, swydd neu rinweddau moesol

RHYDDID

▶ bod yn rhydd
▶ dim ffiniau
▶ heb fod o dan unrhyw ddylanwad

Ydy'r diffiniadau hyn wedi newid y syniadau oedd ganddoch chi yn ystod y drafodaeth yn gynharach? Trafodwch hyn gyda phartner.

Yr hyn sy'n ddiddorol ydy'r gred ymhlith nifer o bobl grefyddol eu bod yn mwynhau gwir ymdeimlad o ryddid am yr union reswm eu bod o dan awdurdod rhywun neu rywbeth arall – a chawn ddysgu mwy am hyn yn nhudalennau'r llyfr hwn!

2

Rheolau, rheolau

Beth ydy 'cyfraith'? Beth ydy 'rheolau'?

 Ceisiwch chwilio mewn geiriadur am ystyron y geiriau hyn; nodwch y diffiniadau. Treuliwch beth amser yn edrych arnynt cyn symud ymlaen.

Mae'r ystyr yn dangos mai 'cyfraith' ydy rhywbeth:

▶ sy'n rhoi arweiniad

▶ sy'n dangos i bobl sut i fyw ac i ymddwyn

▶ ac sy'n debyg i arwyddbost gan ddweud wrthych chi am fynd i gyfeiriad penodol.

Mae arwyddbyst yn ddefnyddiol iawn i yrrwyr ac i gerddwyr.

Yn yr un modd yn union, mae cyfreithiau a rheolau yn dangos i bobl sut mae byw.

Dydy pob rheol ddim yn ysgrifenedig. Yn ôl pob tebyg, mae nifer o reolau gyda chi yn eich teulu chi – pethau y mae pawb yn y teulu yn eu deall.

 Siaradwch am y rhain fel dosbarth neu gyda phartner. Rheolau'n ymwneud â pha fath o bethau ydy'r rhain?

Nodwch y rhain ar ffurf tŷ; efallai y bydd eich athro'n rhoi taflen waith i chi ar gyfer y dasg hon.

3

Pan yr ydym yn meddwl am reolau, yn aml, am bethau negyddol y byddwn ni'n meddwl – fe'u hysgrifennir fel arfer mewn ffordd negyddol:

▶ Dim beicio!

▶ Dim mynediad!

▶ Peidiwch â cherdded ar y borfa!

▶ Ni chaniateir...

Mae'n bosib bod rheolau eich ysgol chi hyd yn oed wedi'u hysgrifennu mewn ffordd negyddol – fel y rhai gyferbyn – ond mae nifer o ysgolion yn ceisio'u harddangos fel pethau cadarnhaol.

RHEOLAU YSGOL

Dim rhedeg yn y coridorau.

Dim siarad tra bod eraill yn siarad.

Dim siarad yn ystod gwasanaeth yr ysgol.

Dim dwyn eiddo pobl eraill.

Dewiswch ddwy o reolau'ch ysgol neu'ch dosbarth chi a'u newid i fod yn rheolau cadarnhaol. Wedyn, meddyliwch am ddwy neu dair arall, a'u hysgrifennu'n negyddol ac yn gadarnhaol.

DIM RHEDEG! CERDDWCH!

Gwybodaeth/cysylltiad ar draws y cwricwlwm:

Rydych yn fwy na thebyg wedi gwneud gwaith yn eich gwersi gwyddoniaeth neu fathemateg am symiau positif a negatif, efallai gyda thermomedr neu gyda rhifau.

Ar raddfeydd gwres, darlleniadau **positif** (+) yw'r rheiny sy'n uwch na **sero** (0); darlleniadau **negatif** (-) yw'r rheiny sy'n is na sero.

Efallai y bydd eich athro'n awgrymu eich bod yn gwneud peth gwaith Llythrennedd am bethau cadarnhaol a negyddol, er enghraifft du/gwyn; da/drwg; caredig/hunanol; etc.

Na chymer dduwiau eraill ar wahân i mi.

Na wna iti ddelw gerfiedig...nac ymgryma iddynt na'u gwasanaethu.

Na chymer enw'r Arglwydd dy Dduw yn ofer.

Cofia'r Dydd Saboth, i'w gadw'n gysegredig.

Anrhydedda dy dad a'th fam.

Na ladd.

Na odineba.

Na ladrata.

Na ddwg gamdystiolaeth yn erbyn dy gymydog.

Na chwennych dŷ dy gymydog...na dim sy'n eiddo i'th gymydog.

Mae rheolau o fewn teuluoedd ac mewn ysgolion, ac mae rheolau mewn cymunedau hefyd, ac o fewn crefyddau.

Ymhlith y mwyaf adnabyddus o reolau crefydd mae'r Deg Gorchymyn. Gall eich athro sôn wrthych amdanynt os nad ydych wedi clywed amdanyn nhw o'r blaen.

Fel nifer o reolau, maent yn ymddangos yn negyddol – gan ei bod dipyn yn haws dweud beth <u>na</u> ddylid ei wneud, yn hytrach na rhestru'r pethau y <u>dylid</u> eu gwneud.

Dewiswch bump o'r Deg Gorchymyn a'u hail-ysgrifennu mewn ffordd gadarnhaol.

Byddwch yn falch o weld eiddo eich cymydog!

Mae rheolau'n ceisio helpu pobl i ddilyn y pethau iawn a chadw'r pethau anghywir allan o'u bywydau. Gellir meddwl amdanynt fel math o "faes grym" – yn gwarchod ac yn arwain.

Meddyliwch am y pethau y mae rheolau'n ceisio eu 'cadw allan'. Tynnwch lun eich fersiwn chi o 'faes grym', gyda'r 'estroniaid' wedi eu labelu. Efallai y bydd eich athro'n rhoi taflen waith i chi.

5

Felly gan fod rheolau'n bodoli am reswm, mae'n rhaid eu bod yn eithaf pwysig.

Weithiau rydym yn meddwl na all rheol fod mor ddifrifol â hynny, ond meddyliwch am hyn: os oes yna reswm am reol, mae'n debygol y bydd ei hanwybyddu yn arwain at broblem neu anhawster.

Meddyliwch am gêm bêl droed – os byddai'r chwaraewyr yn anwybyddu'r holl reolau, byddai'n amhosib chwarae'r gêm! Os byddai gyrrwyr ceir a lorïau'n gwrthod rhoi unrhyw sylw i'r rheolau, yna byddai anhrefn llwyr ar ein ffyrdd!

Duw sy'n rheoli

I nifer o bobl grefyddol, mae yna ddyletswyddau a chyfreithiau sy'n rhan o'u ffordd o fyw fel credinwyr. Mae'r rheolau yma'n bwysig iawn, gan eu bod yn amlinellu'r hyn sy'n cael ei ddisgwyl oddi wrthynt gan y Duw y maent yn ei addoli, neu'r gymuned ffydd y maent yn aelod ohoni. Ac o fewn nifer o grefyddau, mae yna ddealltwriaeth sy'n gyffredin i bawb bod rheolau a chyfreithiau cymdeithas yn deillio o Dduw – yr Un sydd wedi creu pob peth.

Felly nid yw'n syndod darganfod bod gan y mwyafrif o grefyddau reol sy'n gyffredin i bawb – yr un a adwaenir bellach fel 'Y Rheol Aur'. Mae'n debyg bod gan bob crefydd a chymdeithas yr un egwyddor.

Rheol Aur o Gristnogaeth, Islam a Hindŵaeth

 Cristnogaeth — Gwnewch i eraill fel y dymunwch i eraill ei wneud i chi, sy'n grynodeb o'r Gyfraith a'r Proffwydi

 Hindŵaeth — Dyma'r holl **gyfiawnderau** yn eu crynswth: na wna ddim i'th gymydog na fyddet am iddo yntau ei wneud i tithau.

 Islam — Does yr un ohonoch chi'n grediniwr nes eich bod yn dyheu am yr un pethau i'ch brawd ag yr ydych yn dyheu amdanynt i chi'ch hun.

Beth yw'ch barn CHI am y Rheol Aur? Nodwch eich meddyliau amdano a rhowch resymau dros eich atebion. Yna ysgrifennwch am y pethau y byddech chi'n hoffi eu gwneud neu'n hoffi eu dymuno i rywun arall yn eich dosbarth.

(Er enghraifft, efallai eich bod am i rywun fod yn dda am wneud mathemateg, oherwydd eich bod yn gwybod eu bod yn cael anhawster gyda'r pwnc; neu efallai eich bod am i rywun mewn cadair olwyn fedru cyfrannu mwy ar ddiwrnod mabolgampau; neu efallai eich bod am fynd â rhywun o'ch dosbarth ar wyliau gyda chi i Disneyland, gan nad ydynt wedi bod yno erioed.)

Stori Gristnogol

"Un tro, roedd yna ddyn – dyn fel unrhyw un ohonom – oedd yn teithio o Jeriwsalem i Jerico. Fel y gwyddoch oll, ffordd beryglus iawn yw honno. Mae'n droellog ac yn serth, ac mae digon o lefydd i ddihirod a lladron gael cuddio.

Wel, roedd y lladron yn disgwyl y diwrnod hwnnw. A chydiasant yn y dyn a'i guro. Ac aethant â'i arian a'i adael i farw.

Ar ôl tipyn, cerddodd dyn arall ar hyd y ffordd honno – offeiriad, ar ei ffordd adref ar ôl bod yn addoli Duw yn y deml. Gwelodd y dyn oedd bron â marw . . . ond wedi edrych arno unwaith, croesodd i ochr draw'r ffordd a cherdded ymaith."

Stori Fwslimaidd

Byddai Mwhamad yn mynd i'r mosg i weddïo bob dydd. Yn agos at y mosg roedd menyw yn byw ac nid oedd hi'n hoffi Mwhamad, a byddai hi'n aml yn gas at bobl eraill.

Dysgai Mwhamad y bobl i beidio â bod yn dwyllodrus nac yn gas at bobl eraill. Dywedodd wrthynt am beidio ag addoli **delwau**, gan fod cymaint ohonyn nhw yn gwneud hynny. Roedd nifer o bobl yn hoffi gwneud y pethau hyn, ac felly nid oeddynt yn bles i glywed yr hyn oedd gan Mwhamad i ddweud.

Roedd y fenyw gas oedd yn byw wrth ymyl y mosg yn hoff o dwyllo, o fod yn gas ac o addoli delwau – yr oedd wedi gwneud y pethau hyn erioed.

"O diar," murmurodd y dyrfa.

"Arhoswch," dywedodd Iesu. "Cyn bo hir daeth gŵr arall heibio. Roedd ef yn gwasanaethu Duw yn y deml hefyd. Felly beth yn eich tyb chi a wnaeth y gŵr hwn pan welodd ef y teithiwr wedi'i glwyfo?"

"Rhedodd i nôl help!" galwodd rhywun.

"Aeth i rybuddio pawb am yr hyn oedd wedi digwydd!" galwodd un arall.

"Na!" dywedodd Iesu, eto. "Nid dyna a wnaeth. Yn union fel yr offeiriad, croesodd i ochr draw'r ffordd a gadael y teithiwr druan i farw."

"O na," ochneidiodd y dyrfa.

"Peidiwch â phoeni," dywedodd Iesu. "Oherwydd daeth un dyn arall heibio'r diwrnod hwnnw. Samariad oedd ef."

"Samariad?" galwodd rhywun. "Dydyn nhw ddim yr un fath â ni!"

"Dyn ni'n casáu Samariaid!" galwodd un arall.

"Ac mae nhw'n ein casáu ni!" ychwanegodd trydydd un.

"Clywais i hynny," amneidiodd Iesu. "Ond pan welodd y Samariad hwn y dyn, ni wnaeth gerdded ymaith. Rhoddodd gadachau am ei glwyfau. Fe'i gododd ar ben ei asyn. Aeth ag ef i dafarn cyfagos. A thalodd i'r dyn gael aros yno nes iddo wella."

Edrychodd Iesu ar y dyn a ofynnodd y cwestiwn iddo. "Felly dywed wrtha'i," gorchmynnodd, "pa un o'r dynion hyn oedd yn gymydog i'r dyn a ymosodwyd arno?"

"Y trydydd un. Y Samariad," atebodd y dyn.

"Rwyt ti yn llygad dy le," gwenodd Iesu. "Oherwydd fy nghymydog i yw pwy bynnag sydd angen fy help i. Nawr ewch a helpu'ch cymydog chi hefyd."

Felly bob dydd byddai'n disgwyl i Mwhamad basio'i thŷ hi ar y ffordd i'r mosg. Pan fyddai'n ei weld yn dod, byddai'n ysgubo sbwriel yn domen y tu allan i'w thŷ. Ac yna wrth iddo basio, byddai'n brwsio'r sbwriel drosto.

Un diwrnod, nid oedd y fenyw'n disgwyl amdano wrth i Mwhamad basio heibio i'w thŷ. Ceisiodd ddyfalu ble y gallai fod, gan ei bod bob amser yn disgwyl amdano. Gofynnodd beth oedd wedi digwydd iddi, a dywedodd rhai menywod wrtho ei bod hi y tu mewn i'w thŷ a'i bod yn sâl.

Aeth Mwhamad i mewn i'r tŷ. Roedd y fenyw'n gorwedd ac yn crio. Roedd y tŷ'n frwnt iawn. Ond cyneuodd Mwhamad dân, a glanhau'r tŷ. Wedyn, paratôdd bryd o fwyd i'r fenyw.

Pan sylweddolodd y fenyw pa mor garedig oedd Mwhamad, roedd yn ddrwg ganddi am fod mor gas ac roedd cywilydd arni. Penderfynodd droi'n Fwslim a cheisio bod yn garedig wrth bawb.

■ Trafodwch yr hyn sy'n debyg yn y ddwy stori a'u rhestru. Wedyn ceisiwch roi rheswm pam y mae gan y ddwy grefydd hon storïau mor debyg i'w gilydd.

■ Cwblhewch daflen "Stryd Gymariaethau", neu daflen diagram Venn, yn dangos y ddwy stori – efallai y bydd eich athro'n rhoi taflen waith i chi er mwyn gwneud hyn. (A ydych yn gallu dod o hyd i stori arall o draddodiad crefydd arall sydd hefyd yn debyg?)

Beth mae Cristnogion yn ei feddwl?

Duw sy'n rhoi'r rheolau i ni

gan ei fod eisiau'r gorau i ni.

Felly mae Cristnogion eisiau byw yn ôl y rheolau hyn

ond mae angen help arnynt

gan fod pobl yn mynd ar gyfeiliorn yn aml.

Mae angen 'dechrau newydd'

felly… danfonodd Duw ei fab Iesu.

Mae'r Beibl yn sôn wrth bobl am fywyd Iesu ac am yr hyn yr oedd yn ei ddysgu

sy'n dangos i bobl sut y dylent fyw.

Rhoddodd marwolaeth ac atgyfodiad yr Iesu obaith i bobl

gan y daw maddeuant, ac mae grym Duw yn bodoli yn y maddeuant hwn.

Mae llawer o Gristnogion o'r farn nad y cyfreithiau a'r rheolau eu hunain sy'n rhwystro pobl rhag cyfeiliorni. Ond o ofyn am help Duw, gall pobl weithio tuag at y cynllun unigol sydd gan Duw ar gyfer bywydau pawb.

9

> **Athro da, beth sy'n rhaid i mi ei wneud er mwyn cael bywyd tragwyddol?**

Darllenwch sgript y ddrama hon am ddyn oedd yn cadw at y rheolau, er na allai ef berswadio'i hun i wir ufuddhau i Dduw (stori o'r Beibl yw hon – cewch hyd iddi yn Luc 18: 18-30):

Adroddwr: Wrth i'r Iesu ddechrau ar ei hynt, daeth dyn ato a phenglinio o'i flaen.

Dyn cyfoethog: Athro Da, beth sy'n rhaid i mi ei wneud er mwyn cael bywyd tragwyddol?

Iesu: Pam wyt ti'n fy ngalw i'n dda? Does neb yn dda heblaw Duw ei hun. Rwyt ti'n gyfarwydd â'r gorchmynion: 'Na ladd; na odineba; na ladrata, na gyhudda neb ar gam; na dwylla; parcha dy dad a'th fam.'

Dyn cyfoethog: Athro, ers yr oeddwn yn ifanc, rydw i wedi ufuddhau i'r gorchmynion hyn i gyd.

Adroddwr: Edrychodd yr Iesu'n syth at y dyn â chariad yn yr edrychiad ac wedyn siaradodd yn addfwyn ag ef.

Iesu: Dim ond un peth sydd yn eisiau gennyt. Dos a gwerthu dy eiddo i gyd a rhoi'r arian i'r tlawd, a thi a gei gyfoeth yn y nefoedd; wedyn tyrd a'm canlyn.

Adroddwr: Pan glywodd y dyn cyfoethog hyn, lledodd anobaith ar draws ei wyneb, ac aeth ymaith yn drist, oherwydd roedd yn gyfoethog iawn.

Meddyliwch am y stori ac ysgrifennu sgwrs dros y ffôn rhwng y dyn cyfoethog ac aelod o'i deulu neu ffrind iddo.

Ceisiwch actio'r ddeialog (gyda naill ai un ochr o'r sgwrs yn unig i'w chlywed, neu'r ddwy – beth bynnag a ddewiswch chi wneud).

Roedd y llywodraethwr ifanc a chyfoethog yn ddyn da; roedd yn rhaid iddo roi'r gorau i un peth yn unig er mwyn Iesu, ond ni allai wneud, gan fod y peth hwn mor bwysig iddo. Roedd yn caru ei gyfoeth a'i ffordd o fyw yn fwy nag yr oedd yn dymuno ufuddhau i athrawiaethau'r Iesu.

Meddyliwch am yr her a roddodd yr Iesu i'r dyn cyfoethog, a cheisiwch ddadansoddi'r pethau y bu'n rhaid i'r dyn eu pwyso a'u mesur. Defnyddiwch ddiagram 'si-sô' neu ddiagram 'cacen-i-dri' i gofnodi'ch atebion. (Efallai y bydd eich athro'n rhoi taflen waith i chi er mwyn cyflawni'r dasg arni).

Wedyn ceisiwch ddeall beth oedd yn wirioneddol bwysig i'r dyn cyfoethog, a beth sy'n wirioneddol bwysig mewn bywyd. Defnyddiwch ddau ddiagram 'llygad tarw' gyda thri chylch:

y cylch canol – y pethau pwysicaf
y cylch nesaf – pethau eithaf pwysig
y cylch allanol – y pethau lleiaf pwysig.

Dyma astudiaeth achos o'n hoes ni.
Meddyliwch am ymateb y person hwn.

Gweinidog Cristnogol ydy Richard Taylor.

Ond nid yw wedi bod yn ddinesydd da erioed!

Roedd yn byw yng Nghymru pan oedd yn ifanc iawn, a phan wahanodd ei rieni, dechreuodd fynd i drafferth yn yr ysgol – a'r tu allan i'r ysgol hefyd! Teimlai nad oedd neb yn ei garu nac am fod yn ei gwmni, a bu'n byw er ei fwyn ef ei hun a neb arall.

11

Dechreuodd beidio mynd i'r ysgol, ac wedyn dechreuodd ddwyn. Byddai'n dwyn unrhywbeth y medrai. Aeth i helynt gyda'r heddlu – ond nid oedd hyn yn ddigon i'w berswadio i roi'r gorau iddi. Daliodd ati i ddwyn pethau: credai y byddai arian ac eiddo'n ei wneud yn hapus.

Ymhen tipyn, dechreuodd gymeryd cyffuriau, ac wedyn roedd yn rhaid iddo ddwyn mwy hyd yn oed.

Yn y diwedd, cafodd ei hun yn y carchar. Doedd dim gobaith nawr – roedd hi wedi canu arno!

Ond un diwrnod, roedd eisiau papur arno er mwyn rholio sigarét. Rhwygodd dudalen allan o Feibl oedd yn ei gell yn y carchar. Dechreuodd ddarllen y geiriau arni, ac fe'i synnwyd gan yr hyn a ddarllenodd am Iesu.

Sylweddolodd na allai barhau i fyw fel y bu'n gwneud, a bod y Beibl yn rhoi cyngor ynglŷn â sut i fyw yn dda. Felly dechreuodd weddïo am faddeuant wrth Dduw, a daeth yn berson gwahanol iawn.

Pan ddaeth allan o'r carchar, aeth i ddysgu sut i fod yn weinidog a bellach mae'n arweinydd mewn Eglwys Gristnogol.

Ysgrifennwch lythyr at Richard Taylor – beth hoffech chi ofyn iddo am ei brofiadau?

Neu os oes yn well gennych, ysgrifennwch restr o'r cwestiynau yr hoffech chi eu gofyn iddo.

Gwnewch weithgaredd 'cadair boeth' wedi ei seilio ar y stori, gyda phawb yn ei dro yn esgus mai ef yw Richard, a cheisiwch ateb cwestiynau fel y byddai ef yn ei wneud.

Tynnwch lun graff ffawd bywyd Richard, gan ddangos ei deimladau ar adegau gwahanol. (Efallai bydd eich athro'n rhoi taflen waith i chi gael gwneud hyn.)

Mae'r Llywodraethwr Ifanc a Chyfoethog a Richard Taylor yn enghreifftiau o bobl sy'n gorfod dewis – roedd yn rhaid iddynt agor y drws a dilyn ffordd Duw o fyw. Bu i baentiwr enwog o Oes Fictoria o'r enw Holman Hunt baentio llun o'r syniad hwn. Astudiwch y llun, efallai'n defnyddio argraffiad mawr ohono.

Beth sylwch chi am y mae'r drws? Beth mae'r drws yn ei ddweud wrthych am yr hyn a ddymunai'r arlunydd ei gyfleu?

Beth sylwch chi am Iesu? Beth mae hyn yn ei ddweud wrthych am yr hyn a ddymunai'r arlunydd ei gyfleu am yr Iesu?

Chwiliwch am yr adnod yn y Beibl y mae'r llun wedi'i seilio arni (Datguddiad 3, Adnod 20). Sut mae darllen yr adnod yn ychwanegu at eich dealltwriaeth o'r llun?

[Efallai yr hoffech chwilio am Ioan 1 adnodau 4-5, a Ioan 9 adnod 5 hefyd].

Myfi yw'r drws

Dywedodd Iesu, "Myfi yw'r drws"* - golygai mai trwyddo'I athrawiaethau ef a'I bresenoldeb y byddai pobl yn dod o hyd i'r ffordd gywir o fyw eu bywydau.

Meddyliwch am y syniad o ddrws a'r defnydd gwahanol o ddrysau. Ceisiwch ysgrifennu rhai brawddegau'n egluro'r hyn a olygai'r Iesu.

Efallai y bydd eich athro'n rhoi taflen waith i chi i'ch helpu yn hyn o beth.

Cnoc! Cnoc!
Ydych chi eisiau dod i mewn?
Cnoc! Cnoc!
Ydych chi'n barod i newid?
Cnoc! Cnoc!
Ydych chi'n gweld eich hun fel person gwahanol?
Cnoc! Cnoc!
Agorwch y drws.

*Mae rhai fersiynau o'r Beibl yn cyfieithu'r dyfyniad yn Ioan 10: 7 a 9, "Myfi yw'r glwyd."

Dewiswch y drws

Yr enw ar rai o athrawiaethau'r Iesu yn Efengyl Mathew ydy'r 'Bregeth ar y Mynydd", ac maent yn ymdrin â nifer o agweddau ar fywyd. Dewch inni gael edrych ar bedwar prif bwynt:

Talu'r pwyth yn ôl - neu...?

"Clywsoch fel y dywedwyd, 'llygad am lygad, a dant am ddant.' Ond rwyf fi'n dweud wrthych: peidiwch â **dial** ar y sawl sy'n gwneud drwg i chwi. Os bydd rhywun yn dy daro ar dy foch dde, tro'r llall ato hefyd. Ac os bydd rhywun am fynd â thi i gyfraith a chymryd dy grys, gad iddo gael dy fantell hefyd.

Ac os bydd un o **filwyr y goresgyniad** yn dy orfodi di i gario'i bac am un cilomedr, dos gydag ef ddau. Rho i'r sawl sy'n gofyn gennyt, a phaid â throi i ffwrdd oddi wrth y sawl sydd am fenthyca gennyt."

Dangos dy hun - neu weithio'n dawel?

"Cymerwch ofal i beidio â chyflawni eich dyletswyddau crefyddol o flaen eraill, er mwyn cael eich gweld ganddynt; os gwnewch, nid oes gwobr i chwi gan eich Tad, yr hwn sydd yn y nefoedd.

Felly pan fyddi'n rhoi elusen, paid â chanu utgorn o'th flaen, fel y mae'r **rhagrithwyr** yn gwneud yn y synagogau ac yn yr heolydd, er mwyn cael eu canmol gan eraill. Yn wir, rwy'n dweud wrthych, y mae eu gwobr ganddynt eisoes. Ond pan fyddi di'n rhoi elusen, paid â gadael i'th law chwith wybod beth y mae dy law dde yn ei wneud. Felly bydd dy elusen di yn y dirgel, a bydd dy Dad, sydd yn gweld yn y dirgel, yn dy wobrwyo."

Dw i'n rhoi £500 i Gymorth Cristnogol!

BANK   Date

PAY *Cymorth Cristnogol*
pum can punt yn
unig

Pa fath o gyfoeth sy'n goroesi?

"Peidiwch â chasglu ichwi drysorau ar y ddaear, lle mae gwyfyn a rhwd yn difa, a lle mae lladron yn torri trwodd ac yn lladrata. Casglwch ichwi drysorau yn y nef, lle nad yw gwyfyn na rhwd yn difa, a lle nad yw lladron yn torri trwodd nac yn lladrata. Oherwydd lle mae dy drysor, yno hefyd y bydd dy galon."

Ar ba sylfaen yr adeiladoch chi?

"Pob un felly sy'n gwrando ar y geiriau hyn o'r eiddof ac yn eu gwneud, fe'i cyffelybir i un call, a adeiladodd ei dŷ ar y graig. Disgynnodd y glaw a daeth y llifogydd, a chwythodd y gwyntoedd a tharo yn erbyn y tŷ hwnnw, ond ni syrthiodd, am ei fod wedi ei sylfaenu ar y graig. A phob un sy'n gwrando ar y geiriau hyn o'r eiddof a heb eu gwneud, fe'i cyffelybir i un ffôl, a adeiladodd ei dŷ ar y tywod. A disgynnodd y glaw a daeth y llifogydd, a chwythodd y gwyntoedd a tharo yn erbyn y tŷ hwnnw, ac fe syrthiodd, a dirfawr oedd ei gwymp!"

Ym mhob un o'r pedair agwedd yma ar athrawiaeth Iesu, roedd e'n awgrymu y gellid 'rhyddhau' pobl o'r mathau arferol o ymateb.

Talu'r pwyth yn ôl - neu....?

Mae talu'r pwyth yn ôl yn ymddangos fel petai'n syniad da pan fydd rhywun wedi'ch tramgwyddo chi, ond yn y pen draw, ydy hynny'n helpu mewn gwirionedd? Yn aml, mae'r broblem yn gwaethygu a does neb yn elwa. Felly pam dial?

Dangos dy hun - neu weithio'n dawel?

Yn y diwedd, dydy arian ac eiddo'n golygu dim – dydyn nhw ddim yn gallu sicrhau popeth i chi. Gall y byddai ennill y loteri'n datrys eich problemau ariannol; ond daw llawer o ofidiau newydd a gwaeth yn ei sgîl!

Pa fath o gyfoeth sy'n goroesi?

Y drafferth ydy, pan mae pobl yn dangos eu hunain, mae hynny'n amlwg i bawb ac yn amharu ar yr effaith. Oni fyddai'n wych pe na fuasai pobl yn ildio i'r demtasiwn?

Ar ba sylfaen yr adeiladoch chi?

Roedd Iesu'n ceisio egluro mai dyma'n union y mae pobl yn ei wneud yn eu bywydau – gan fyw yn ddi-hid fel y maent yn ei ddymuno, heb ystyried beth sy'n bwysig a beth sy'n creu sylfeini da. Felly nid yw'n syndod bod y cyfan yn dadfeilio. Ond mae'n bosib byw'n wahanol.

Mewn grwpiau o 3 neu 4, edrychwch ar ddwy o'r pedair thema yn y Bregeth ar y Mynydd. Dylech baratoi crynodeb o ystyr athrawiaeth Iesu i bobl mewn cyd-destun cyfoes. Ceisiwch fathu arwyddair hefyd.

Wedi i chi orffen eich gwaith, bydd eich athro'n gofyn i chi gyflwyno adroddiad ar lafar o flaen y dosbarth cyfan yn amlinellu'ch gwaith (bydd yr adroddiad hwn yn helpu eraill i gwblhau'r tasgau nesaf, felly gwnewch eich gorau!)

Byddai'r mwyafrif o bobl yn cytuno bod **RHOI** yn well na **DERBYN** ond faint o bobl sy'n gwybod bod hyn yn rhan o athrawiaeth Iesu?

Byddai nifer o bobl hefyd yn cytuno nad *dangos dy hun* ydy'r ymddygiad gorau – ac mae hyn hefyd yn rhan o athrawiaeth yr Iesu.

Mae rhan helaeth o Bregeth ar y Mynydd yr Iesu yn canolbwyntio ar sut i fyw bywyd yn y ffordd orau bosib –

sut i adeiladu yn hytrach na dinistro.

Felly, bwriad Iesu oedd sicrhau bod ei athrawiaeth yn rhoi sylfeini cadarn a fyddai'n sicrhau 'adeilad' (sef bywyd person) oedd yn:

ddigon cryf i wynebu bywyd

bywyd a fyddai'n llawn rhyddid a phwrpas.

Gwnewch boster sy'n dangos sut y mae rhai pethau'n sylfeini da ar gyfer bywyd, tra bod eraill yn negyddol a heb fod yn help o gwbl.

(Efallai bydd eich athro'n rhoi taflen waith i chi i'ch helpu.)

Stori Fwslimaidd

Un tro roedd dau frawd. Roedd un ohonynt yn briod â phlant, a'r llall yn sengl. Roedd y ddau'n Fwslimiaid duwiol.

Roeddent yn berchen ar fferm gyda'i gilydd, er eu bod yn byw yn eu tai eu hunain yn agos at y fferm.

Rhannai'r ddau frawd holl waith y fferm rhyngddynt: byddai'r ddau'n plannu hadau yn y ddaear, yn dyfrhau'r hadau, yn tynnu chwyn yn y caeau; byddai'r ddau'n gofalu am yr anifeiliaid; byddai'r ddau'n gweithio adeg y cynhaeaf i gasglu'r ŷd. A byddent yn rhannu cynnyrch y fferm rhyngddynt yn gyfartal hefyd – gan eu bod ill dau'n gweithio mor galed â'i gilydd.

Un cynhaeaf, pan oedd yr ŷd wedi'i roi mewn sachau a'i rannu rhyngddynt, eisteddai'r brawd sengl yn ei gartref yn meddwl am y cynhaeaf arbennig o dda a gawsant. Wrth iddo eistedd yn hapus yn mwynhau ystyried yr holl ŷd a gasglwyd ganddynt, dechreuodd feddwl nad oedd y drefn o rannu popeth yn gyfartal rhyngddo ef a'i frawd yn gwbl deg.

Roedd yn wir eu bod ill dau wedi gweithio'n union yr un mor galed â'i gilydd, ond doedd dim teulu gydag ef i'w bwydo, tra bod ei frawd yn bwydo gwraig a phlant yn ogystal ag ef ei hun.

Felly penderfynodd y byddai'n gwneud rhywbeth am hyn. Cyn gynted ag y daeth amser gwely, ag yntau'n credu bod ei frawd yn cysgu, aeth â chwech sach o ŷd draw i ysgubor ei frawd a'u gadael yno. Roedd yn gwybod na fyddai ei frawd yn fodlon derbyn yr ŷd yn anrheg, felly dewisodd adael y sacheidiau fel na fyddai'r brawd priod yn gwybod o ble y daethant.

Aeth y brawd sengl adref i'w dŷ ei hun ac i'r gwely, yn fodlon ei fod wedi cyflawni rhywbeth gwirioneddol dda a gwerth chweil; rhywbeth oedd o wir bwys.

Yr un noson, roedd y brawd priod yn eistedd ac yn ymlacio wedi i'w deulu fynd i'w gwelyau. Meddwl am y cynhaeaf arbennig a gawsant oedd yntau hefyd, a teimlai mor lwcus ei fod yn byw'r bywyd breintiedig hwn – gyda gwraig oedd yn ei garu ac yn gofalu amdano a phlant hapus, a hanner y fferm, a brawd yr oedd yn gallu cyd-wethio ag ef – a nawr, digon o ŷd yn yr ysgubor.

Ond wedyn dechreuodd feddwl am ei frawd, a dechrau teimlo'n flin amdano, gan nad oedd ganddo wraig na phlant.

Felly penderfynodd weithredu.

Ar unwaith, penderfynodd roi peth o'i ŷd i'w frawd, gan mai dim ond ŷd oedd ganddo i roi, a wedi'r cyfan, roedd mwy na digon ganddo i fwydo'i deulu. Cododd ac aeth i'r ysgubor a mynd â chwe sach o ŷd a'u cario'n ofalus draw i ysgubor ei frawd, a'u rhoi'n daclus wrth ochr sacheidiau ŷd ei frawd.

Drannoeth, pan aeth y brawd sengl i'w ysgubor, ni allai ddeall pam fod ganddo'r un nifer o sacheidiau ŷd â'r diwrnod blaenorol. Gwyddai ei fod wedi mynd â chwe sachaid draw i ysgubor ei frawd yn y nos, ond rhywsut, roedd ganddo'r un nifer o sacheidiau ag o'r blaen.

Ni allai'r brawd priod ddeall beth oedd wedi digwydd chwaith: roedd wedi penderfynu rhoi chwe sachaid o ŷd i'w frawd, ond rhywsut, roedd ganddo'n union yr un nifer o sacheidiau â phan ranwyd y cynhaeaf rhyngddo ef a'i frawd.

A bob cynhaeaf wedi hynny, â'r sacheidiau ŷd wedi'u rhannu rhyngddynt, byddai'r ddau frawd yn dawel fach yn mynd â chwe sachaid i'r brawd arall. Ni ddywedodd y naill ddim wrth y llall, ac ni siaradodd y ddau frawd am y peth fyth, ac roedd yn ddirgelwch i'r ddau sut y byddai'r un nifer o sacheidiau ganddynt ar ôl cyflawni'r gymwynas gudd ag o'r blaen.

■ Beth yn eich barn chi yw neges y stori?

■ A fedrwch chi egluro pam y byddai'r brodyr yn rhoi'r sacheidiau i'w gilydd, a pham y byddent yn gwneud hynny'n gyfrinachol?

■ Gwnewch restr o'r pethau yr ydych chi'n eu gwerthfawrogi yn eich bywyd chi.

■ Beth sydd ganddoch y byddech yn medru ei roi i eraill?

■ Perfformiwch y stori ar ffurf drama, gan sicrhau eich bod yn cyfleu neges y stori'n glir. (Beth am geisio creu fersiwn i'r 21ain ganrif? Beth allech chi ei ddefnyddio yn hytrach na sacheidiau o ŷd?)

Stori Hindŵaidd

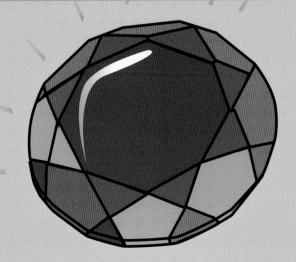

Roedd hen offeiriad **Brahmin** yn byw mewn lle sanctaidd gyda saith o ddisgyblion. Yn y lle sanctaidd hwn, byddent yn addoli ac yn gofalu am hen dduwdodau o Radha a Krishna. Deuai bobl ar bererindod o bell i gael gweld y **duwdodau**, a byddent yn cyflwyno rhoddion am gael eu haddoli.

Ond roedd yr offeiriad yn heneiddio, a gwyddai y byddai cyn bo hir yn gadael ei gorff ar ôl, a gwyddai hefyd nad oedd ei ddisgyblion yn barod eto i fod yn gyfrifol eu hunain.

Gwireddwyd ei ofnau un diwrnod pan ddaeth **pererin** heibio a rhoi rhuddem mawr yn offrwm i'r duwdodau.

"Yn fy marn i, dylid gwerthu'r rhuddem a defnyddio'r arian," dywedodd un o'r disgyblion.

"Dim o gwbl," galwodd un arall, "Dylai Radha wisgo'r rhuddem."

Roedd gan drydydd disgybl syniad gwahanol, "Byddai'n well o lawer ei dorri'n nifer o ruddemau llai , a gwneud mwclis prydferth ohonyn nhw."

Parhaodd yr anghytuno am amser hir, a dechreuodd y Brahmin boeni na fyddai'r duwdodau fyth yn cael y rhuddem. Ond nid oedd eisiau ymyrryd, gan ei fod am i'w ddisgyblion ddysgu rhoi trefn ar bethau ar eu pennau'u hunain.

Ar ôl tipyn, rhoddodd y Brahmin stop ar yr anghytuno, a dywedodd wrth y disgyblion am fynd i'r goedwig a dod â phren yn ôl gyda nhw, pren heb fod yn fwy trwchus na dau centimedr a hanner.

Peidiodd y drafodaeth rhwng y saith disgybl ac aethant yn ufudd yn unol â gorchymyn eu gwrw.

Pan ddaethant yn eu holau gyda'u prennau, aeth yr hen Brahmin â'r prennau a'u clymu at ei gilydd yn fwndel gyda rhaff. Yna gofynnodd

iddynt, "Pa un ohonoch chi all dorri'r bwndel yma o brennau?" Aeth y saith dyn ifanc ati un ar y tro i geisio torri'r prennau, ond doedd y cryfaf hyd yn oed ddim yn gallu eu torri. Felly dywedasant wrth eu **gwrw**, "Nid yw'n bosibl, feistr."

"Wel, gwyliwch yn ofalus," meddai'r offeiriad. Torrodd y rhaff oedd yn clymu'r prennau at ei gilydd, a chymeryd un pren ar y tro a'u torri bob yn un yn hawdd.

"Dw i'n heneiddio, a chyn bo hir byddai'n marw. Ond rydych chi fel bwndel o brennau: os y ceisiwch chi helpu eich gilydd, gweithio gyda'ch gilydd a chydweithredu, yna fe fyddwch chi'n gryf, ac fe fyddwch yn fy ngwasanaethu'n dda. Ond os y byddwch yn cael eich rhannu ac yn dadlau â'ch gilydd, fe fyddwch chi'n wan fel y prennau hyn, ac yn cael eich torri. Pan ddigwydd hynny, pwy fydd yn gofalu am ein duwdodau?"

Deallodd y disgyblion y wers a sylweddoli eu camgymeriad, a chytuno cael y rhuddem wedi'i osod ar fodrwy, er mwyn ei roi ar un o fysedd Krishna.

Roedd yr offeiriad wrth ei fodd bod ei ddisgyblion wedi deall o'r diwedd, a'i fod yn medru eu gadael yn gyfrifol am y lle sanctaidd. Cyn hir ar ôl hyn, gadawodd ei gorff a dychwelyd i'r byd ysbrydol.

Pan ddeuai pobl i weld y duwdodau enwog, byddent yn aml yn holi, "Sut y cafodd Krishna'r fath fodrwy brydferth?"

A bob tro, byddai'r disgyblion yn ateb: "Diolch i gryfder bwndel o brennau."

- Beth yn eich barn chi yw neges y stori?
- Allwch chi egluro pam nad oedd y disgyblion yn medru cytuno?
- Gwnewch restr o'r pethau rydych chi'n aml yn hoffi eu gwneud eich hunan, neu'r pethau rydych chi'n hoffi eu gwneud yn eich ffordd chi'ch hunan, heb dderbyn awgrymiadau neu ymyrraeth neb arall.
- Casglwch fwndel o brennau a cheisio'i dorri er mwyn cael gweld drosoch chi'ch hun.
- Pa bethau y byddech yn gallu eu gwneud gystal neu'n well hyd yn oed, o gydweithio ag eraill?
- Actiwch y stori, gan sicrhau eich bod yn cyfleu'r neges yn glir. (Beth am geisio creu fersiwn i'r 21ain ganrif?)
- Nawr dewiswch un o'r ddwy stori a'i hailadrodd mewn grwpiau, gan ddefnyddio geiriau i'ch ysbarduno.

Dywediadau doeth

Rydych chi siŵr o fod wedi clywed dywediadau doeth sydd yn aml wedi eu trosglwyddo o genhedlaeth i genhedlaeth gan ddechrau gyda'ch hen famgu neu ddadcu efallai.

Mewn grwpiau o dri neu bedwar, neu fel dosbarth cyfan, soniwch am rai o'r dywediadau doeth a glywoch chi o fewn eich teuluoedd.

Wedi rhannu rhai o'r rhain, ceisiwch egluro pam y maent wedi cael eu trosglwyddo – beth sydd yn arbennig am y dywedradau neu'r pynciau maent yn eu trafod, sydd yn egluro pam eu bod wedi eu trosglwyddo?

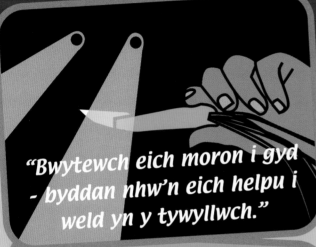

"Bwytewch eich moron i gyd - byddan nhw'n eich helpu i weld yn y tywyllwch."

"Dewiswch eich ffrindiau'n ofalus."

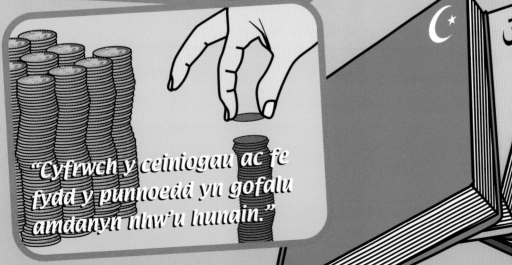

"Cyfrwch y ceiniogau ac fe fydd y punnoedd yn gofalu amdanyn nhw'u hunain."

Efallai nad yw rhai o'r dywediadau doeth a drafodwyd gennych mor bwysig â hynny, efallai nad ydynt mor ddoeth â hynny hyd yn oed – ond mae nifer o bobl yn credu bod athrawiaethau pwysig i'w cael sydd o fudd mawr i bobl ym mhob oes a chyfnod.

Mae llyfrau sanctaidd y crefyddau yn cynnwys nifer o ddywediadau ac mae bobl ar hyd yr oesoedd wedi dod i ddeall bod y dywediadau hyn yn wirioneddol ddoeth. Mae 'tinc gwirionedd' i'w glywed yn y dywediad – ac eto, efallai nad yw mor syml â hynny bob tro chwaith.

23

Darllenwch y tri dywediad doeth isod, a meddwl amdanynt yn ofalus. Daw'r dywediadau o Lyfr y Diarhebion yn y Beibl, ac maent yn cael eu darllen gan Gristnogion ac Iddewon.

Ni fydd y diogyn yn rhostio'i helfa - bydd yn dlawd - ond gan y diwyd bydd cyfoeth mawr.

(Diarhebion 12:27)

Trwy rodio gyda'r doeth ceir doethineb, ond daw niwed o aros yng nghwmni ffyliaid.

(Diarhebion 13:20)

Y mae casineb yn achosi cynnen, ond y mae cariad yn anwybyddu pob trosedd.

(Diarhebion 10:12)

Dywedwch os ydych yn cytuno, yn anghytuno, neu'n ansicr yn achos pob dihareb. Gwnewch benderfyniad fel grŵp, ac egluro'ch penderfyniad wrth y grwpiau eraill. Os nad yw'r grŵp yn gallu cytuno, rhaid ichi daro pleidlais.

Nawr edrychwch yn ofalus ar y dair dihareb ganlynol.

Nid yw'r gwatwarwr yn hoffi cerydd; nid yw'n gofyn am help wrth y doethion.

(Diarhebion 15:12)

Y mae llygaid sy'n gloywi yn llawenhau'r galon, a newydd da yn adfywio'r corff.

(Diarhebion 15:30)

Y mae un drwg ei dymer yn codi cynnen, ond y mae'r amyneddgar yn tawelu cweryl.

(Diarhebion 15:18)

 Ceisiwch ail-ysgrifennu un o'r diarhebion gan ei throi ar ei phen. Er enghraifft:

"Bydd wyneb diflas yn gwneud i chi deimlo'n drist, a newyddion drwg yn gwneud i chi deimlo'n waeth fyth."

Ydy hyn yn gwneud unrhyw wahaniaeth, yn eich barn chi? Pam? Gallech wneud hyn fel grŵp, a chyfnewid syniadau a meddyliau wedyn.

 Dewiswch un o'r diarhebion i'w hactio. Dyfeisiwch un neu ddwy ddihareb eich hunain.

Ysgrifennwch y rhain ar bapur a'u hactio hefyd.

Ydych chi wedi sylwi bod yr holl ddywediadau doeth yma'n sôn am ymddygiad sy'n helpu eraill, yn hytrach na difetha pethau trwy fod yn hunanol neu'n falch ohonoch chi'ch hun? Maent yn debyg yn hyn o beth i athrawiaethau Iesu, fel y gwelsom yn gynharach.

Dyma aralleiriad o ran o Salm 19 yn y Beibl:

Y mae cyfraith yr
Arglwydd yn berffaith,
Yn adfywio'r enaid;
Gellwch ymddiried yn
nhystiolaeth yr Arglwydd,
Mae'n gwneud pobl yn ddoeth;
Y mae deddfau'r
Arglwydd yn gywir,
Yn llawenhau'r galon;
Y mae gorchmynion yr
Arglwydd yn bur,
Yn rhoi dealltwriaeth i bobl;
Mwy dymunol ydynt nag aur,
A melysach na mêl.

■ Lluniwch ymadroddion gan ddefnyddio'r dechreuadau isod, gan ychwanegu'ch syniadau chi'ch hunain:

■ *Maent yn fwy gwerthfawr na...*
■ *Maent yn felysach na...*
■ Wedi i chi benderfynu, ysgrifennwch eich dywediadau allan yn ddigon mawr i'w harddangos.
■ (Gallech chi ddefnyddio 'Word Art' ar y cyfrifiadur i ddylunio'ch dywediadau.)

Mae'r darn olaf yn dweud bod cyfreithiau Duw yn well nag aur ac yn felysach na mêl. Mewn geiriau eraill, maent yn fwy gwerthfawr nag un o'r pethau mwyaf gwerthfawr yn y byd, ac yn felysach na'r peth melysaf yn y byd.

Pam mae'r awdur yn cyflwyno ei neges fel hyn?

Am ei fod yn ceisio dweud:

bydd cyfreithiau Duw yn parhau am byth

bydd cyfreithiau Duw yn goroesi'n dragwyddol

ni fydd cyfreithiau Duw yn dod i ben.

Dyma rhai enghreifftiau i'ch rhoi chi ar ben y ffordd:

Yn felysach na

▶ Yn felysach na thaffi
▶ Yn felysach na chandi fflós
▶ Yn felysach na the gyda thri siwgr

Yn fwy gwerthfawr na

▶ Yn fwy gwerthfawr na banc yn llawn o arian
▶ Yn fwy gwerthfawr na thlysau'r Goron
▶ Yn fwy gwerthfawr na fy hoff...

(Efallai y byddech chi'n hoffi gwneud taflen waith 'Gorchmynion yr Arglwydd' yn hytrach na'r weithgaredd uchod, neu yn ogystal, os oes copi gan eich athro.)

Geiriau doeth Hindŵaeth

Mae gan Hindŵaeth, fel pob crefydd arall, ei syniadau am fyw'n gywir.

Un o brif syniadau'r athrawiaeth Hindŵaidd ydy arfer 'Ahimsa' – hynny yw, 'di-niweidrwydd' yn yr ystyr o beidio niweidio; rhywbeth fyddai'n gwneud gwahaniaeth mawr i bobl eraill.

Ahimsa di-niweidrwydd

Syniad arall sy'n amlwg mewn Hindŵaeth ydy chwilio am y gwirionedd bob amser, neu mewn geiriau eraill, ceisio anelu at y pethau sy'n wirioneddol bwysig, y pethau sy'n parhau.

Chwilio am y gwirionedd

Dyma grynodeb da o sut i wneud hyn ym mywyd pob dydd:

"Byddwch yn lân, y tu mewn a'r tu allan."

Meddyliwch am y dywediadau doeth yma o Hindŵaeth, o un o'r llyfrau sanctaidd, y Bhagavad Gita:

Byddwch yn heddychlon wrth ddelio â phawb, hyd yn oed bobl nad ydych yn eu hoffi a'r bobl hynny sy'n angharedig tuag atoch chi.

Weithiau mae'n rhaid i chi roi'r gorau i bethau er mwyn helpu pobl a phlesio Duw.

Peidiwch byth ag osgoi gwneud eich dyletswydd.

Dewiswch un o ddywediadau doeth Hindŵaeth. Nawr meddyliwch am ddwy sefyllfa wahanol – un ble y byddai dilyn yr athrawiaeth yn hawdd a sefyllfa arall ble y byddai'n anodd. Disgrifiwch y ddwy, ac egluro beth fyddai Hindŵ ifanc yn ei wneud ac yn ei ddweud, yn eich barn chi.

Geiriau doeth yn Islam

Mae'r mwyafrif o Fwslimiaid yn ofalus i ddilyn athrawiaethau a chanllawiau'r Qur'an, sy'n cael ei ystyried fel geiriau Allah gan Fwslimiaid, ac felly mae iddo awdurdod sylweddol.

Edrychwch ar y dywediad ar y dde, a meddyliwch am y math o gyngor y mae'n rhoi i Fwslimiaid.

 Lluniwch lun-ddiagram syml ar ffurf hysbysiad, i atgoffa Mwslimiaid ifanc o'r cyngor pwysig hwn yn y Qur'an. Dyluniwch yr hysbysiad mewn arddull addas i'w roi ar wal neu ar ddrws i roi hwb i'r cof.

Peidiwch ag addoli neb heblaw Allah; Byddwch yn garedig tuag at eich rhieni a'ch perthnasau, yn ogystal â thuag at blant amddifad a'r rhai sydd mewn angen; Byddwch yn deg wrth siarad â phobl; Byddwch yn ddyfal wrth weddïo; a rhowch i elusennau yn rheolaidd

(Qur'an 40:83)

Felly, am beth mae'r holl 'eiriau doeth' yma'n sôn, mewn gwirionedd?

Trafodwch fel dosbarth: "Mae ar bawb angen canllawiau i'w helpu i fyw yn y ffordd iawn; mae'n rhan o fod yn ddynol."

Wedyn, nodwch y pethau sy'n rhoi arweiniad i chi ac yn eich helpu i fyw'ch bywydau.

Ufuddhewch i Dduw - ac nid i ddynion!

Dyma lun o Iesu a fydd yn eich synnu chi, yn fwy na thebyg.

Edrychwch arno'n ofalus, ac ystyriwch y cwestiynau isod, a'u trafod fel dosbarth.

▶ Ydy Iesu'n grac gyda rhywun? Gyda phwy?

▶ Ydy Iesu'n grac am rywbeth? Am beth?

▶ Ydy teimladau Iesu wedi'u brifo neu ydy Ef wedi digio wrth rywun?

THE ANGRY *Christ*

Wel gobeithio eich bod chi wedi meddwl:

"Mae'n rhaid bod rhywbeth ofnadwy tu hwnt wedi digwydd i wylltio Iesu i'r fath raddau!"

Wel, dyma beth ddigwyddodd:

Lle: Jeriwsalem, y brifddinas.

Adeilad: Y Deml (shhhh!...lle sanctaidd iawn).

Achlysur: Iesu ar ymweliad ychydig cyn cyfnod y Pasg.

'Do'n i ddim yn gallu credu fy llygaid! Dyna lle ro'n i, yn poeni dim ar neb, pan ddaeth y boi yma i fewn. Edrychai'n anfodlon am rywbeth, a dywedais i wrth fy ffrind, "Ai ai! Ma' rhywbeth mawr ar fin digwydd – cei di weld!"

A dyma'r boi yma'n cerdded o gwmpas dipyn yn cadw golwg ar bawb yn mynd a dod. Ro'dd awyrgylch marchnad go iawn yno, gyda adar ac anifeiliaid ym mhob man, ac arian yn cael ei gyfnewid dros y lle. Ro'dd hi fel ffair go iawn.

Wedyn dyma'r boi yma'n mynd tuag at fwrdd Benjamin, yn cydio'n y bwrdd ac yn ei ddymchwel – jyst fel yna! Rhuthrodd pawb o gwmpas. Dyna beth oedd **stŵr**! Pobl, anifeiliaid ac arian yn tasgu i bob cyfeiriad. Ac yna'n sydyn, mae popeth yn distewi. Mae cegau'n agor mewn syndod ac am un foment, wnaeth neb ddweud gair. Yna, fel tasai hynny ddim yn ddigon, mae e'n gwneud yr un peth eto, ac eto! Y byrddau'n cael eu dymchwel un ar ôl y llall. Doedd neb yn rhy siŵr beth i'w wneud – roedd hi'n **bandemoniwm** yno.

Figs
Bananas

> *Lle i weddïo ynddo...*

Gweiddais i ar fy mab, Dan, "Mae hwn yn hanesyddol; does dim byd tebyg i hyn wedi digwydd gydol fy oes."

A wedyn siaradodd y boi uwchben yr holl sŵn: "Lle i weddïo ynddo yw fy nhŷ i, ac rydych chi wedi ei droi'n ffau i ladron."

Roedd pawb yn holi pwy oedd y boi, a pham yr oedd wedi galw'r deml yn dŷ iddo. Wedyn dechreuodd rhai ohonom ddeall – Iesu oedd ef! Roeddem ni wedi clywed amdano, a nawr roedd ef yma yn Jeriwsalem. Wel roedd wedi creu tipyn o gythrwfl yn y deml a rhoi digon inni siarad amdano, beth bynnag, ar ôl y fath berfformans. Ys gwn i beth fydd yn digwydd nesa?'

Felly beth yw'ch barn chi?

Pam wnaeth Iesu hyn, yn eich barn chi?

A ddylai ef fod wedi gwneud hyn? Eglurwch pam.

Ydych chi'n gallu cofio gweld rhywbeth yn digwydd a theimlo'n grac i wedi gwylltio o ganlyniad? Soniwch am yr achlysur wrth eich partner; efallai bydd eich athro'n gofyn i rai rannu eu storïau gyda gweddill y dosbarth.

Beth sy'n eich gwylltio chi?

Byddai llawer o bobl yn dweud bod storio mynyddoedd o fwyd (gan nad yw'r pris yn iawn) tra bod cymaint o bobl y byd yn newynnu yn rhywbeth a ddylai'n gwylltio ni i gyd.

gwylltio
cyfiawn

Yn aml, mae pobl yn dweud bod gwylltio'n beth drwg. Mewn amryw ffyrdd, mae hynny'n wir – weithiau rydym ni'n teimlo wedi gwylltio am ein bod yn hunanol, neu wedi blino, neu'n teimlo'n euog. Fel arfer, dydy'r math hwn o wylltio ddim yn achosi daioni nac yn gwella sefyllfaoedd – mewn gwirionedd, mae'n gwaethygu pethau.

Ond pan fydd y rheswm am wylltio yn un cyfiawn, pan fyddwch yn gwneud safiad dros hawliau eraill neu er mwyn budd eraill, a'r gwylltio'n arwain at rywbeth gwerth chweil ac yn helpu eraill, gall fod yn beth da.

Weithiau mae Cristnogion yn sôn am Iesu'n gwylltio yn y deml yn nhermau 'gwylltineb cyfiawn', oherwydd:

▶ roedd yn iawn i wylltio

▶ daeth newid yn sgîl ei weithredoedd

▶ dechreuodd y bobl feddwl

• mwy am ei gilydd

• mwy am y gymuned

• mwy am Dduw a'r deml.

1. Tynnwch lun triongl hafalochrog yn nghanol y dudalen, â'r pig yn pwyntio i lawr. Y tu mewn, ysgrifennwch y geiriau, Gwylltio Cyfiawn.

2. Tynnwch lun tri chylch, un yn cyffwrdd â phob ochr o'r triongl.

3. Mewn un cylch, tynnwch lun rhywbeth yn eich cynefin chi sy'n eich gwylltio.

4. Mewn cylch arall, tynnwch lun rhywbeth yn ymwneud â materion byd-eang.

5. Yn y trydydd cylch, tynnwch lun rhywbeth o'r naill faes neu'r llall.

6. Defnyddiwch liwiau a symbolau i ddangos eich teimladau cryf.

(Efallai y bydd eich athro'n rhoi taflen waith i chi er mwyn gwneud y dasg hon.)

Ydy rhai o'r rhain yn eich gwylltio?

▷ Bwli'n taro hen fenyw i'r llawr

▷ Anifail â thân gwyllt wedi'i glymu'n sownd yn ei gynffon

▷ Gwneud hwyl am ben rhywun nad yw'n dda am wneud chwaraeon

▷ Gwahaniaethu yn erbyn rhywun oherwydd lliw croen neu hil

▷ Gwawdio rhywun nad yw'n gwisgo dillad gan wneuthurwyr ffasiynol

▷ **Gwatwar** rhywun sy'n ei chael hi'n anodd gwneud ei waith

▷ Distrywio Gardd Goffa

▷ Mynyddoedd bwyd yn cael eu cadw'n ôl

▷ Malurio lle chwarae i blant

Efallai y byddech chi'n hoffi ceisio gwneud tasg 'grisiau cyfochredd' yma. (Efallai y bydd eich athro'n rhoi taflen waith i chi er mwyn gwneud hyn.) Mae 'grisiau cyfochredd' yn dechrau gyda gosodiad syml (am yr hyn sy'n eich gwylltio, yn yr achos yma), wedyn mae mwy yn cael ei ddweud am y gosodiad (sôn am bethau sy'n cael eu gwneud i eraill ac sy'n eich gwylltio), ac wedyn bydd mwy eto am y gosodiad (i gynnwys pethau byd-eang sy'n eich gwylltio). Er enghraifft:

Mae nifer o enghreifftiau'n y byd o bobl sydd wedi codi'u llais yn erbyn pethau sydd wedi'u cythruddo, neu bethau sy'n ymddangos yn gwbl anghywir ac yn anghyfiawn.

Weithiau, credoau crefyddol sydd wedi'u hysbrydoli, ac roeddynt yn barod i ddioddef o ganlyniad i'w gweithredoedd; roedd gwneud dim yn groes i'w daliadau. Teimlent orfodaeth, fel petai, i ufuddhau i Dduw, hyd yn oed os byddai gwneud hynny'n golygu anufuddhau i lywodraethwr neu i awdurdod dynol arall.

Dw i'n casáu cael fy mwlio.

Dw i'n casáu gweld pobl yn cael eu gormesu am eu bod yn wahanol.

Dw i'n casáu'r anghyfiawnderau sy'n bodoli mewn gwledydd sy'n datblygu.

Codi llais

Yr enghraifft glasurol o'r Beibl yw stori Daniel yn Ffau'r Llewod. Gellwch ddod o hyd i'r stori yn llyfr Daniel yn y Beibl, pennod 6. Darllenwch y stori, neu addasiad o'r gwreiddiol mewn llyfr storïau os yr hoffech, a cheisiwch gwblhau un rhan ar siart fel yr un isod.

(Gellwch lenwi'r gweddill yn hwyrach!)

Codi ar eich Traed a Chodi Llais		
Enw'r person oedd yn ysbrydoli:	Yr hyn oedd yn eu gwylltio:	Athrawiaeth grefyddol yr un sy'n ysbrydoli:
Daniel (Beibl) [Iddewig]	....	....

Ar y tudalennau nesaf, mae oriel y 'Bobl sy'n Ysbrydoli'. Mae ychydig o wybodaeth am bob un.

Edrychwch arnynt, a dewis tri neu bedwar sydd o ddiddordeb i chi. Gellwch chwilio am fwy o wybodaeth amdanyn nhw mewn llyfrau neu ar y we, a chwblhau'r siart rydych wedi ei ddechrau'n barod.

Meddyliwch yn ofalus iawn am y bobl hyn – eu credoau, yr hyn oedd yn eu symbylu, eu gweithredoedd, ac ymateb eraill (yn arbennig pobl mewn awdurdod).

(Efallai y bydd eich athro'n rhoi taflen waith i chi er mwyn gwneud y dasg hon.)

Maria Gomez

▶ athrawes ysgol gynradd yn El Salvador
▶ aelod gweithgar o Eglwys y Bedyddwyr
▶ yn cwrdd yn rheolaidd â Christnogion eraill i herio anghyfiawnder ac i weithio er mwyn gwella bywydau'r bobl dlotaf
▶ cafodd ei saethu a'i lladd ym 1989; **comisiynwyd** croes arbennig i ddathlu ei bywyd a'i ffydd

James Mawdsley

▶ protestiwr am hawliau dynol, a Christion
▶ gwnaeth safiad er mwyn hawliau'r bobl Karen yn Burma
▶ cafodd ei garcharu am bum mis am ddosbarthu pamffledi ac am **ymgyrchu**
▶ aeth yn ei ôl eto i amddiffyn hawliau'r bobl, a rhoddwyd dedfryd o 17 mlynedd iddo
▶ cafodd ei ryddhau yn y diwedd, ond roedd yn dal wedi'i argyhoeddi bod yn rhaid i bobl sefyll dros gyfiawnder

Rosa Parks

▶ **gwniadwraig** o Montgomery, Alabama, UDA
▶ gwrthododd roi ei sedd ar y bws i berson gwyn, ar y 1af o Ragfyr 1955
▶ cychwynnodd y **boicot** enwog o'r bysiau, a arweiniodd at y Mudiad Hawliau Sifil
▶ un o'r nifer o Gristnogion croenddu oedd o'r farn bod hiliaeth yn anghywir ac yn amhosib ei gyfiawnhau

Julia Neurberger

- un o'r menywod cynta i fynd yn rabi ym Mhrydain
- byddai'n gwneud safiad ble bynnag y gwelai **anffafriaeth** yn erbyn menywod
- aeth i'r afael â materion yn ymwneud ag ymchwil meddygol, a daeth yn aelod o'r Awdurdod Trwyddedu Dros Dro
- helpodd sefydlu Hosbis Rhyng-Grefyddol yng Ngogledd Llundain
- teimlai'n angerddol ei bod yn bwysig rhoi traddodiad o'r neilltu er mwyn gweithredu'n foesol a gwneud penderfyniadau moesol

Y Rabi Hugo Gryn

- cafodd ei ddanfon yn 13 oed i wersyll crynhoi gan Hitler
- llwyddodd i oroesi'r profiad, ac aeth i America i gael ei hyfforddi i fod yn Rabi
- gorymdeithiodd gyda Martin Luther King fel rhan o'r Mudiad Hawliau Sifil
- gweithiodd gyda ffoaduriaid yn India
- daeth yn Rabi ar Synagog Gorllewin Llundain ym 1964
- byddai'n darlledu ar y radio'n aml ac yn siarad yn gyhoeddus
- byddai bob amser yn gwneud safiad yn erbyn anghyfiawnder ac anffafriaeth, a gweithiodd dros heddwch a goddefgarwch

Yusuf Islam

- y canwr pop enwog, Cat Stevens
- cafodd droedigaeth i Islam ym 1977 yn dilyn profiad personol
- rhoddodd y gorau i'w yrfa fel canwr er mwyn mynd yn athro Islam
- sefydlodd ysgol Fwslimaidd yn Llundain
- teimlai'n **angerddol** am heddwch a chyfiawnder yn y byd

Rowshon Malik

- Mwslim defosiynol, yn byw yn Birmingham
- aeth yn athrawes a rheolwraig dysgu ar gyfer dysgu Saesneg fel ail iaith
- mae'n gweithio i Gyngor Sir Birmingham
- Cyfarwyddwr Cymdeithas Menywod Bangladesh
- mae'n ddysgwr gydol oes sy'n credu y gall ddatrys nifer o broblemau cymdeithasol
- mae'n ymgyrchu'n ddiflino dros hawliau menywod Asiaidd

Swami Vivekananda

- ei enw cyntaf pan gafodd ei eni oedd Nanrendranath Datta
- aeth yn feudwy crefyddol ac yn un o ffyddloniaid Ramakrishna
- cymerodd ran yn Senedd y Crefyddau ym 1893
- hybodd Fudiad Ramakrishna yn UDA ac yn y DU
- roedd yn ddiwygiwr o fewn Hindŵaeth gan hybu rhaglenni cymdeithasol ac addysgiadol
- gweithiodd er mwyn gwahardd priodasau plant, a hybu addysg

Akhandadhi Das

- cafod ei eni yn Belfast, i deulu o Brotestaniaid Cristnogol
- dechreuodd ymddiddori yn athrawiaethau crefyddau India ac ymunodd â mudiad Krishna Consciousness
- astudiodd bensaernïaeth yn y brifysgol, ond aeth i fyw yn Bhaktivedanta Manor yn Watford, cartref Cymdeithas Ryng-genedlaethol Krishna Consciousness
- daeth yn arlywydd ar y deml, ac mae'n dysgu eraill i chwilio am foddhad ysbrydol yn hytrach nag eiddo materol
- mae'n gwneud safiad dros y gred na ddaw hapusrwydd yn sgîl eiddo neu yrfa, ac yn erbyn materoliaeth

Yn rhydd o ac yn rhydd i

a) Dewis bod

Rhaid inni i gyd wneud penderfyniadau yn ein bywydau; a gallwn ddewis bod yn rhan o rywbeth mwy, neu benderfynu nad ydym yn gallu gwneud gwahaniaeth! Weithiau, y cyfan sy'n rhaid ei wneud ydy gweld ein hunain mewn ffordd wahanol; er enghraifft, nid fel rhywbeth bach gwan (petal, efallai) ond fel rhan o rywbeth mwy, a mwy trawiadol (blodyn prydferth sy'n cael ei edmygu).

Edrychwch ar y lluniau isod a cheisiwch greu ymadroddion sy'n dangos y dewis sy'n ein hwynebu os y dymunwn wneud hynny. Dyma enghraifft:

Gallwn ni eich helpu chi os y byddwch yn gadael inni wneud.

Dim ond ton ydw i, gwnewch fôr ohona'i.

b) Dewis ufuddhau

Pan rydym yn uffuddhau i'r rheolau a'r cyfreithiau sydd yn eu tro'n bodoli er mwyn inni fyw bywyd i'r eithaf a'i fwynhau, rydym yn dewis dod yn rhan -

o batrwm a phwrpas
sy'n ein gwaeu ni'n
rhan o brofiad newydd a chyffrous bywyd

wrth inni ddylanwadu ar eraill a chael ein dylanwadu ganddynt - mewn gwir ryddid.

Felly, ydy awdurdod yn creu ryddid?

Trwy gydol y llyfr hwn, rydych chi wedi darganfod pethau pwysig iawn sy'n gallu'n helpu i ateb y cwestiwn hwnnw:

Felly o feddwl amdano'n ofalus, fe welwch chi y gallwn ni ddewis ufuddhau i'r rheolau/yr awdurdod crefyddol uchaf . . .

ac o wneud hynny, byddwn yn darganfod pa mor rhydd yr ydym mewn gwirionedd, a gymaint yn well y mae bywyd i ni ac i bawb o'n hamgylch!

Geirfa a mynegai

anffafriaeth	tud.35	trin pobl yn wahanol oherwydd lliw eu croen, eu iaith, eu rhywogaeth, ayb.
angerddol	tud.36	gyda theimladau cryf am rywbeth
boicot	tud.35	pan mae bobl yn peidio â phrynu rhywbeth neu beidio â defnyddio rhywbeth er mwyn protestio
brahmin	tud.21	yr enw Hindŵaidd ar offeiriad
comisiynu	tud.35	gofyn i rywun wneud tasg penodol a'i dalu am wneud
cyfiawnderau	tud.7	gweithredoedd pur a chywir
delwau	tud.7	cerfluniau neu fodelau o dduwiau
dial	tud.14	talu'r pwyth yn ôl
duwdodau	tud.21	yr enw Hindŵaidd am dduwiau
gwatwar	tud.33	gwneud hwyl am ben person arall neu grŵp gan ddefnyddio synau neu ystumiau
gwniadwraig	tud.35	menyw sy'n gwnïo ac yn gwneud dillad er mwyn ennill bywoliaeth
gwrw	tud.22	yr enw Hindŵaidd am athro arbennig
milwyr y goresgyniad	tud.14	milwyr o un wlad sy'n dod a rheoli gwlad arall
pandemoniwm	tud.30	sŵn, anhrefn, a phopeth dros y lle
pererin	tud.21	rhywun sy'n gwneud taith grefyddol arbennig (pererindod) i le cysegredig neu sanctaidd
rhagrithwyr	tud.14	pobl sy'n esgus gwneud un peth tra'n gwneud neu'n dweud rhywbeth gwahanol
stŵr	tud.30	pobl yn cadw sŵn a chreu ffwdan am rywbeth
ymgyrchu	tud.35	gweithio'n galed i gyflawni rhywbeth neu i newid rhywbeth